Os direitos sobre esta obra pertencem a seu tradutor para o português, Emilio José Lemos de Lima, R.G. 895.089-0 SSP/PR, emiliojoselemosdelimamovel@gmail.com

Índice

Breve apresentação

Meus primeiros contatos com a existência e a obra do Dr. Burnett se deram em tempo de tradução e estudo da obra de outro grande e brilhante homeopata inglês, o Dr. John Henry Clarke, de quem eu trouxe para nosso ambiente lusófono, nossa bela língua portuguesa, "Doenças do coração e das artérias" e "A cura de tumores", dois livros que jogam no lixo uma certa timidez da homeopatia brasileira.

Clarke, um pouco mais jovem, foi grande admirador do trabalho de Burnett, tendo inclusive lhe dedicado "Vida e obra do Dr. J.C. Burnett", obra que está em minha fila "a traduzir".

Considerando que Burnett efetuou inúmeras curas, escreveu 20 livros*, inclusive o popular "Cincoenta razões para ser um homeopata", e introduziu vários nosódios**, Clarke tinha de fato muito boas razões para o admirar.

Burnett foi também, como veremos no presente livro, um ardoroso e talentoso defensor, divulgador e construtor da homeopatia, tendo desenvolvido o trabalho que você tem em mãos, para vencer o desafio que a doutrina hahnemanniana de dinamização das drogas, sempre coloca.

Considero este pequeno grande livro importantíssimo para todos que querem entender a homeopatia em toda a sua grandeza e profundidade. Por isso o "puxei" para o primeiro lugar, em minha fila "a traduzir". Espero que você também o aprecie! Boa leitura!

Emilio José Lemos de Lima

emiliojoselemosdelimamovel@gmail.co
m

*Natrum mur como um teste da doutrina da dinamização de medicamentos, Curabilidade da catarata por medicamentos, Tumores da mama e sua cura, Cinquenta razões para ser um homeopata, Cinco anos de experiência na nova cura da tuberculose por seu próprio vírus, Curabilidade dos tumores , Doenças do baço e seus remédios clinicamente ilustrados, A mudança de vida nas mulheres e os males e doenças que incidem sobre ela, Sobre a nevralgia, Doenças da pele do ponto de vista organísmico, As doenças mais graves do fígado, As doenças do fígado, Sobre a fístula e sua cura radical por medicamentos, Amígdalas aumentadas curadas por medicamentos, Vacinose e sua cura por Thuja, Crianças delicadas, atrasadas, franzinas e atrofiadas, Gota e sua cura, Tratamento medicamentoso de doenças das veias, Doenças orgânicas das mulheres , Ouro como remédio em doenças, Micose:

sua natureza e cura constitucionais, O melhor de Burnett.

** Bacillinum testium, Coqueluchinum, Carcinossinum, Epihysterinum, Ergotinum, Morbillinum, e também Schirrinum, e possivelmente Influenzinum…

Natrum Muriaticum COMO TESTE DA DOUTRINA DA DINAMIZAÇÃO DE DROGAS

A teoria da dinamização das drogas foi, talvez, um arcano dos alquimistas na Idade Média, e foi promulgada por Hahnemann como uma doutrina, enquanto este século ainda era jovem, e pode ser considerada como o resultado natural de sua lei da cura; ele diz:

"A arte da cura homeopática desenvolve para seus propósitos as virtudes dinâmicas das substâncias medicinais e até um grau inédito, por meio de um processo peculiar e até então jamais tentado (ou seja, triturando e agitando). Por esse processo, elas se tornam penetrantes, ativas e medicinais, mesmo aquelas que, em estado natural ou bruto, não exerceram o mínimo poder medicinal sobre o sistema humano. "-Organon, Aforisma no. 269

Então, novamente, Aforismo no. 275-"A adequação de um remédio para um determinado caso de doença depende não apenas de ser homeopaticamente o correto, mas também depende tanto da força correta ou da pequenez suficiente da dose. Se você administrar uma dose muito grande de um remédio, mesmo que seja totalmente homeopático ao estado mórbido presente, e ainda que seja tão inofensivo em si mesmo, certamente causará danos simplesmente por sua quantidade e pela impressão excessiva e desnecessária que causará, agindo exatamente nas partes do organismo tornadas sensíveis e fracas pela doença natural, e isso o fará pela própria razão de sua ação homeopática. "- (Aforismo nº 273 da 4ª edição alemã).

Segundo Hahnemann, então, a força (tamanho) da dose é muito importante e, quanto mais homeopático o remédio, em um determinado caso, maior o risco de causar danos.

Muitos seguidores de Hahnemann aceitam apenas sua lei e abandonam a teoria de aumentar o poder de reparação de uma droga por trituração ou sucussão como irracional e não científica, e essas não são, de maneira alguma, as menos realizadas ou menos científicas delas, e também de maneira alguma as menos populares.

Talvez possamos chegar ao ponto de dizer que, quanto mais um homem é propenso à pesquisa científica, menos facilmente ele pode conceber exaltar a energia corretiva de uma droga diminuindo sua quantidade, mesmo que a quantidade diminuída se espalhe por um meio indiferente; e quanto mais popular ele for, menos provávelmente ele trilhará o caminho tortuoso. Assim o Dr. Kidd nos diz (Laws of Therapeutics, pp.34,35. Londres, 1778): "Vinte e sete anos atrás, vi a verdade essencial da lei de Hahnemann ser totalmente independente de suas especulações sobre dinamização. Lei de similia similibus curentur como principal, embora não a única, base para a terapêutica, aprendi por mim mesmo que o ensino sóbrio de Hahnemann, o uso de tinturas não diluídas, puras, era um guia muito melhor para curar os doentes do que Hahnemann 'bêbado' com misticismo, exigindo o uso exclusivo de doses infinitesimais, que deixo de lado, de maneira totalmente indigna de confiança e injustas para os doentes, cujas doenças muitas vezes permaneciam estacionárias sob tratamento de glóbulos, mas eram mais eficaz e rapidamente curadas por doses tangíveis dos mesmos medicamentos que não curaram quando administrados em doses infinitesimais ".

A posição do Dr. Kidd confere à sua opinião um grande respeito, mas até que ele publique relatos satisfatórios sobre os doentes "cujas doenças permanecem muitas vezes estacionárias sob tratamento por glóbulos" (o remédio certo nestes glóbulos?) nós a consideramos apenas como sua própria opinião subjetiva, concordando plenamente com sua própria citação de Platão de que "nada pode ser mais repugnante para uma mente comum do que a peneiração completa de noções arraigadas e há muito familiarizadas".

O Dr. Kidd também declara (op.cit., Pp.33,34): "A verdade é maior que Hahnemann e no passar dos anos suas especulações sobre *'Psora' e 'doses infinitesimais' foram tacitamente esquecidas por todos os mais hábeis e inteligentes de seus seguidores* ". O itálico é meu.

Esta frase contém três proposições. Primeiro, que a verdade é maior que Hahnemann; admitido como um truísmo. Em segundo lugar, nos últimos anos, Psora e Dinamização foram tacitamente abandonados; admitido quanto a alguns, mas não quanto à grande maioria.

(Desde que escrevi isso, fui honrado com uma cópia de um Discurso pronunciado ante a Assembléia Anual da British Homoeopathic Society, em 20 de junho de 1878, por R. Douglas Hale, MD, etc., Vice-Presidente da Sociedade, e na página 6, lemos, inter alia, "negamos enfaticamente que deixamos de empregar a dose infinitesimal").

Mas, mesmo supondo que fosse verdade, a presença de ateus no mundo acabaria com o Ser Supremo? E terceiro, que esses desistentes tácitos da "Psora" e das "doses infinitesimais" constituem "todos os mais hábeis e inteligentes de seus seguidores", parece um pouco pretencioso.

É claro que todos sabemos que aqueles pobres dilucionistas psóricos não têm habilidade nem inteligência; e, além disso, -Codlin é o amigo, não Short.

A prova absoluta de que os defensores das drogas psóricas cruas monopolizam "toda a habilidade e inteligência" reside em seu modo tácito de agir valentemente. Eles inventaram um novo sistema de filosofia - o método tácito. e "deixam de lado", exclamando, "venha atrás de mim, pois sou mais habilidoso e inteligente do que se fosse arte".

Mas deixar a doutrina de lado sem uma investigação experimental adequada não se torna ciência porque é feito por um cientista; estamos todos muito aptos a deixar as regras da investigação científica na porta quando involuntariamente sentirmos que não teremos nada de verdade.

O escritor há muito tempo se lança sobre um mar de dúvidas e perplexidades em relação a essa doutrina da dinamização das drogas; ele frequentemente ouvia os argumentos apresentados a favor e contra, e freqüentemente se somava a ridicularizá-la, constantemente se sentindo incapaz de acreditar que era possível que a potencialidade corretiva de um determinado medicamento pudesse ser aumentada por qualquer processo de subdivisão, seja qual for, de fato, por qualquer processo que seja. A questão está constantemente se apresentando à mente: o bilionésimo de grão pode ser potencialmente mais do que um grão? e a resposta pronta segue imediatamente – impossível! Pode-se admitir que a doutrina da dinamização de medicamentos é a priori, absurda: o mesmo acontece com a homeopatia. Como um medicamento que causa diarréia pode curar a diarréia? Certamente deve piorar. O quê? Óleo de mamona para um fluxo alvino? Claramente, não pode curá-lo. No entanto, o experimento mostra que o que causa diarréia realmente cura a diarréia; semelhante cura semelhante, se acreditamos ou não; e, portanto, o que é a priori absurdo, pode ser a posteriori verdadeiro. Estamos todos muito aptos a perder de vista o fato de que nossas crenças não têm nada a ver com a verdade. Verdade é verdade, acredite ou não. O cego nascido pode não acreditar na existência da luz do sol porque ele não a vê. O som é subtraído para os surdos.

A existência da palavra paradoxo mostra que coisas aparentemente obscuras e falsas podem ainda ser verdadeiras.

No entanto, existe isso para ser bem considerado. No tratamento medicamentoso da doença, temos que lidar com condições e não com entidades, e não é paradoxal supor que duas forças semelhantes e iguais possam se neutralizar. Dois aguaceiros de chuva iguais tornarão o solo mais úmido do que um, mas um par de balanças pesadas com um peso de um grão é restaurado ao equilíbrio pela adição de outro peso de um grão do outro lado; é semelhante em sua ação e, como em seu poder, só funciona na outra extremidade do feixe. Aqui, o estado de equilíbrio é produzido por meios semelhantes que também são iguais: o resto resulta de dois movimentos.

Os ignorantes da homeopatia riem desta; o escritor passou por esse estágio risonho de ignorância, mas não o achou muito feliz e, por isso, foi obrigado a colocar a doutrina de semelhantes no teste de experimentos científicos e considerou-a verdadeira e de grande valor prático. Quase todos os homeopatas vieram por este caminho. Pois descrer alguém de uma coisa não a invalida necessariamente.

Os que ignoram a doutrina da dinamização das drogas na prática verdadeiramente científica, riem dela; o mesmo fez o escritor, e isso em muito boa companhia; mas, ao constatar que

Hahnemann falava verdadeiramente em relação à ação das drogas, ele achou que nessa circunstância havia uma pequena evidência presuntiva em favor de sua outra doutrina de que o poder corretivo é desenvolvido e aumentado em uma droga por trituração e sucussão.

Portanto, ele pôs a teoria à prova de cuidadosa experiência clínica, com o resultado de que ele foi ultrapassado consideravelmente além do estágio de riso. Os resultados obtidos em experimentos clínicos devem satisfazer à mente mais crítica, se não cega de preconceito, pois constituem o único método científico de resolver completamente a questão, de uma maneira ou de outra.

Mas é muito mais fácil satisfazer a mente sobre a verdade, ou não, da homeopatia, do que sobre a verdade ou falsidade da teoria de potencialização das drogas.

Conveniência e política não podem ter peso conosco; se a doutrina hahnemanniana de dinamização das drogas é, como é verificado na autoridade competente, um grande obstáculo para a profissão e um obstáculo à disseminação da principal doutrina de semelhantes, podemos apenas lamentar, mas devemos prosseguir, e insistir também, diante do mundo inteiro, no caminho da verdade, buscando-a, coute qui coute. O que pode ser mais bonito que a verdade por si só?

Ao procurar o melhor método para realizar esses experimentos clínicos, vários planos se sugeriram, mas nenhum muito satisfatório. Em primeiro lugar, não podemos aceitar a maioria das doenças agudas como apropriadas para experimentação, devido às muitas objeções que podem ser razoavelmente oferecidas aos resultados de qualquer tratamento delas. Dizem que quase todas as afecções agudas tendem a se recuperar. Se um experimento resultar em aparentemente encurtar o curso, se houver tal efeito, objeta-se que a natureza, vis medicatrix, a natureza o fez; ou, sendo a doença uma doença que tem curso definido, se tratada com expectativa, o diagnóstico é questionado.

A propósito do método expectante ou de não fazer nada. Se um membro de nossa fraternidade instruída declara sua falta de fé na medicina e administra apenas um placebo sem oração, o consideramos muito científico, um grande patologista e um grande entusiasta do curso natural da doença; ele observa os caminhos da natureza pura e simplesmente, desejando não ser seu ministro nem seu mestre, mas apenas seu observador, e a lei o protege e a faculdade o honra. Mas deixe que uma comunidade iletrada de agitadores faça a mesma coisa com a oração, e a lei e a faculdade se unem para puni-lo. Portanto, se há uma lei para os pobres e outra para os ricos, há uma para o médico e outra para o agitador - e pior ainda para o agitador.

Mas, voltando, o escritor acredita que às vezes consegue vencer o sarampo com a ajuda de Gelsemium e Sulphur, mas pode ser um assunto muito difícil encontrar outro que ele realmente faz.

Portanto, as afecções agudas da nosologia fixa são em grande parte eliminadas por oferecerem muitas dificuldades, principalmente na prática privada.

De afecções crônicas, um grande número também não é apropriado; assim, uma úlcera crônica da perna pode repentinamente tomar uma ação de cura independentemente do tratamento; uma bronquite crônica ou outra congestão pode melhorar repentinamente com a mudança de temperatura ou a rotação do vento. Ainda assim existem algumas queixas crônicas que são eminentemente adaptadas para experimentação, mais particularmente certos sintomas ou grupos de sintomas.

É claro que nenhuma alteração deve ser feita na dieta, na higiene ou no local de residência.

Tendo determinado o tipo de caso melhor adaptado para provar ou refutar a doutrina da dinamização de medicamentos, surge outra dificuldade séria, a saber: - se o medicamento que supostamente se provou curativo de uma determinada doença, por exemplo, na bilionésima diluição, foi simplesmente porque continha algum do remédio certo. Assim, se uma dor de cabeça desaparecer em três dias, sob o uso de Gelsemium 6, e admitir-se que desapareceu propter hoc, como podemos saber que houve algum efeito dinâmico lá, já que provavelmente cinco gotas do suco fresco da planta talvez houvessem curado a dor de cabeça ainda mais rapidamente? Portanto, deve ser demonstrado que a substância bruta em várias quantidades e em uma condição solúvel não conseguiu efetuar a cura.

Aqui, novamente, surge outra dificuldade. Você deve administrar o remédio em substância primeiro, pois a diluição pode curar e se o fizesse ou não o experimento teria falhado; se a diluição curasse, não haveria oportunidade de experimentar a substância bruta, e se falhasse em curar, o experimento, é claro, falharia completamente no presente sentido.

Portanto, você administra a droga em substância antes de tudo. Depois vem a outra pergunta: por quanto tempo a substância dada continua a influenciar a economia ou a doença nela? Suponha que deveríamos assumir uma quinzena, pois a duração de sua ação, digamos de Bryonia, não pode ser levantada a objeção de que Bryonia continua a influenciar o organismo por três semanas e, portanto, a cura supostamente efetuada por Bryonia 6 na terceira semana pode, na realidade, ter sido devida à Bryonia?

Novamente, isso teria que ser determinado para cada medicamento, uma vez que a duração de sua ação é considerada diferente.

Então a coisa se ergue com dificuldades quase insuperáveis. Ainda assim, o assunto exige elucidação e, se possível, solução.

Pois já foi afirmado por muitos praticantes capazes e pelo próprio Hahnemann, e está sendo reafirmado diariamente e a cada hora por homens de ciência sólida, que as drogas agem de maneira diferente e melhor quando dinamizadas. De fato, muitos afirmam, como Hahnemann, que a doutrina é de importância transcendental. Como muitas doenças graves só podem ser curadas com medicamentos dinamizados, sendo inteiramente incuráveis com o mesmo medicamento em doses substanciais e, com freqüência, totalmente incuráveis, a menos que com remédio altamente potencializado.

No entanto, não podemos aceitar o ditado de qualquer homem, e a fé não pode ter lugar na ciência. Em verba magistri jaurare, não avança nem um pouco a ciência, mas nem o faz mais negação cética.

Quaisquer experimentos sobre o assunto, para serem satisfatórios, devem ser de tal natureza que possam ser repetidos por outros, circunstâncias e materiais adequados sendo fornecidos.

Parece ao escritor que existe uma droga acima de todas as outras na materia medica que pode ajudar muito na elucidação deste importante assunto. Natrum muriaticum! Ele não tem a pretensão de resolver a questão de um jeito ou de outro, exceto para ele próprio, mas acha que suas idéias sobre o assunto, juntamente com alguns experimentos clínicos, podem ser sugestivas para seus irmãos profissionais e, possivelmente, fazer avançar a causa da verdade, um pouco.

Ele a fará avançar historicamente. É assim que a coisa surgiu e cresceu em sua própria mente, estimulada pela observação.

OBSERVAÇÃO 1

Senhora B., 24, foi submetida a tratamento em 1876, nos primeiros meses de gravidez, com nevralgia muito grave da face. O caso mostrou-se muito obstinado, e muitos medicamentos foram tentados infrutíferamente, mas, eventualmente cedeu à China dada na forma de pílulas saturadas com a tintura da matriz, medicamento escolhido por causa da transpiração que irrompeu quando a dor se tornou muito forte. A nevralgia reaparecia constantemente e, finalmente, a China deixou de ter qualquer efeito.

Então Populus tremuloides foi dado simplesmente por ser um congênera de China e funcionou bem, na verdade curando completamente na ocasião.

Essa gravidez passou e minha paciente me consultou novamente, estando novamente grávida em 1877, para o mesmo tipo de nevralgia e, dessa vez, a obstinação da nevralgia quase reduziu a ela e ao médico ao desespero.

O caso foi tratado da maneira hahnemanniana antiga, de acordo com a totalidade dos sintomas, os quais eram muito poucos e apatognomônicos, sendo a nevralgia sempre ruim, e sempre pior, e aparentemente não melhorada por nada.

Depois de muitas semanas de esforços infrutíferos para curar essa nevralgia com medicamentos escolhidos no repertório, voltei-me para a Obstetrícia de Guernsey (2ª edição) e descobri que já havia experimentado todos os remédios de sua lista nas pp.372.373, 374, exceto dois; esses dois eu tentei razoavelmente e novamente falhei. Então minha paciente recebeu Aconite, Belladonna, Bryonia, Calc. C., Cocculus, Cimicifuga, Coffea, Gels.,

Glon., Ignat., Mag c., Nux v., Puls., Sépia, Spig., Sulph., Verat. a., China, Populus e alguns outros. Além do que ela aplicara, quase sempre desesperada, quase todo anódino conhecido, de modo que as partes moles do rosto pareciam quase maceradas.

Sugeri então a mudança de ar (o que mais podemos fazer, pobres médicos, sem este último refúgio?), mas as circunstâncias a impediram de deixar Birkenhead por mais de um dia ou dois, e seu marido a levou para passear em New Brighton e Southport, e Chester, quando se observou que a nevralgia era pior à beira-mar e melhor para o interior.

Um pensamento feliz me ocorreu no sentido de que isso poderia ser devido ao sal no ar à beira-mar e, estando além disso absolutamente no fim de minha corda, agi com base no pensamento e dei Nat. mur. 30, em pílulas, a pequenos intervalos, e a neuralgia imediatamente começou a ficar melhor e em um ou dois dias estava ótima. Subseqüentemente retornou em intervalos, muito menos severamente, mas prontamente recebeu a mesma dose. A 30ª diluição foi escolhida simplesmente porque algumas pílulas dessa potência estavam na caixinha da paciente.

A paciente ficou bastante satisfeita com o fato de o Nat. mur. 30 ter efetivado a cura, assim como eu e muitas outras pessoas ficamos também, mas de maneira geral o caso não leva convicção a mentes despreparadas e menos ainda a preconceituosas.

Até então, eu não tinha respeitado muito o Natrum muriaticum como remédio. Na verdade, nada, o tendo raras vezes prescrito. De fato, como pode uma substância ingerida em quase todas as refeições ter algum valor curativo, especialmente porque algumas pessoas são conhecidas por ingerir quantidades consideráveis de sal todos os dias e isso sem nenhum efeito deletério aparente?

O Dr. Hughes, em sua Farmacodinâmica, 2ª ed., P.411, diz "Eu realmente não sabia nada das virtudes do Sal". Nós o encontramos agora, no entanto, um estudioso homeopático mais maduro, pois na 3ª edição da mesma obra admirável, comenta: mostrando-se especialmente em emaciação com pele seca e mal colorida, acompanhada de depressão de espírito e suspeita de doença abdominal, aqui, algumas doses ocasionais de Nat-mur 30 mudaram toda a condição e iniciaram uma recuperação completa.

Esse testemunho é muito valioso e especialmente gratificante para mim e, além disso, traz convicção à minha mente. É evidente que o Dr. Hughes, sem querer, cedeu à crença na doutrina da dinamização das drogas e continuaria a "não conhecer nada das virtudes do sal".

Acreditar no sal como remédio é quase sinônimo de acreditar na doutrina da dinamização das drogas, e uma crença nessa doutrina é extremamente repulsiva para o senso comum. Talvez o espírito apropriado seja gratidão a um Criador beneficente.

Pior à beira-mar, desde então, provou ser uma indicação valiosa para Natrum muriaticum para mim.

OBSERVAÇÃO 2

Um jovem cavalheiro de cerca de 21 anos de idade foi submetido a tratamento para sinovite do joelho direito com efusão considerável. O paciente tinha uma pele de aparência suja, estava constipado e apresentava muitas dores indicativas de Natrum mur. nas extremidades inferiores.

Rx Natrum muriaticum 6.

Fiat-pul-gr-vi.

Dose Uma em água a cada três horas. Descanse na posição reclinada.

Eu não vi o paciente novamente, mas ele foi observado pelo meu colega, Dr. Reginald Jones, que gentilmente me deu o seguinte relatório: "O medicamento purgou o paciente com tanta severidade que acabou sendo deixado de lado; grande descarga de uratos, a urina se tornando muito espessa com isto". Nenhum outro medicamento foi administrado e o paciente estava muito bem em duas semanas.

O Dr. Jones estava muito interessado na ação do remédio e se recusou a aderir ao pedido do paciente de ter permissão para interromper o medicamento por causa da purga. Os amigos do paciente ficaram alarmados com a catarse e seu irmão me chamou para implorar para que o medicamento fosse descontinuado.

Este caso, sendo agudo, ficou bom por si mesmo da maneira descrita, e Nat-muriaticum possivelmente não teve nada a ver com isso.

Sabemos que derrames sinoviais geralmente desaparecem espontanea e rapidamente (Sir Thomas Watson).

A diarréia cessou quando o medicamento foi descontinuado, mas isso também pode ter sido mera coincidência: crítica; as diarréias tendem a cessar por si mesmas.

OBSERVAÇÃO 3

A sra. M., mais ou menos aos 50, ou mais tarde, teve um ataque mais grave de febre reumática, com as articulações muito inchadas, vermelhas e muito dolorosas. O tratamento homeopático usual foi adotado, mas sem grande sucesso. Este foi seu quinto ataque de febre reumática. Entre a terceira e a quarta semana, o Dr. Jones e eu a vimos juntos e descobrimos esta condição: pele de aspecto doentio; grande depressão de ânimo; febre; articulações vermelhas, inchadas e doloridas; grande inquietação; visão deprimida e desoladora do futuro; transpiração azeda; insônia; escaras e grande fraqueza.

Concordamos na opinião de que os emunctórios haviam quase parado de trabalhar e precisavam voltar ao seu trabalho. Um catártico agudo combinado com um diurético parecia ser indicado pela condição geral, mas contra-indicado pela adinamia profunda e, portanto, pela bênção de uma dose refratíssima. A observação do meu consultor no Caso II, fez com que ele sugerisse o mesmo remédio. Então colocamos o paciente em Nat. mur. 6 trit, a cada hora, em água.

Nenhum outro medicamento foi dado, e nenhum auxiliar utilizado.

No dia seguinte, sua urina ficou um pouco turva; no segundo, sedimento; depois, diarréia com urina carregada; o inchaço, a vermelhidão e a dor nas articulações desapareceram; a pele ficou mais limpa; a língua limpou gradualmente, as transpirações cessaram, seu ânimo ficou mais brilhante e, em dez dias desde o início do remédio, ela estava em plena convalescença, embora ainda muito fraca.

A paciente sofre de asma crônica com leve enfisema e é sempre obrigada a dormir em uma posição semirecumbente, mas por seis semanas após essas evacuações críticas, ela foi capaz de deitar na cama como qualquer outra pessoa sem dispneia.

Muitos meses se passaram e ela está agora em casa e sai, ainda asmática e com dores reumáticas crônicas aqui e ali. Sua língua ficou mais limpa por dois meses do que eu a vi nos três anos anteriores.

Essa paciente mora a 16 quilômetros de distância e não era vista com frequência, mas o marido trazia relatórios diários e, ao fazê-lo, insistia dia após dia para que o Natrum muriaticum pudesse ser interrompido por ter purgado com tanta severidade, temendo que a enfraquecesse muito. Por esse motivo, foi administrado de forma intermitente, mas sem outro medicamento, e as funções alvina e renal flutuaram de acordo.

Hahnemann diz (Chronische Krankheiten, 2ª edição, vol.iv., p. 348): "O sal puro (exatamente como qualquer outra força somática homeopática dinamizada) é um dos remédios antipsóricos mais poderosos".

E mais acima, ele fala disso como um remédio heróico e violento que, quando dinamizado, deve ser administrado com cautela aos pacientes.

Em seguida, ele exclama: Que inacreditável essa transformação natural! - Uma criatura aparentemente nova!

Ainda assim, isso vai contra todo senso comum e todas as noções de coisas, e nenhum homem pode ser responsabilizado por se recusar a aceitar uma proposição tão absurda, apenas pela confiança; dificilmente é possível acumular fatos suficientes para que alguém a ouça e muito menos acredite.

Dr. C.M. retruca: "Há mais coisas no céu e na terra, Horácio, do que se sonha em sua filosofia."

OBSERVAÇÃO 4

Nesse estágio das coisas, fiquei curioso para saber o que a sexta trituração centesimal de natrum muriaticum poderia fazer ao meu humilde eu patogeneticamente, estando em minha saúde habitual. Então eu tomei quase 3 iv. em cerca de dez dias, em pequenas pitadas secas na língua em intervalos ímpares. Produziu - não, é uma afirmação muito ousada. Gradualmente, durante esse período, rompe-se profundamente no meio meu lábio inferior, que inchou e se tornou ardente e muito doloroso; o Natrum muriaticum pode não ter nada a ver com isso, mas eu desisti e a rachadura e o inchaço desapareceram. Eu nunca tive o mesmo antes, nem desde então.

O mesmo sintoma é observado por Hahnemann e Dr. Allen em sua Encyclopaedia - mas removido por este da divisão regional dos "lábios" e colocado sob "pele", que não é apenas confusa, mas também um erro.

OBSERVAÇÃO 5

H., 45, foi submetido a tratamento devido a uma grande dor no estômago, que o mandou para a cama e o manteve ali em grande agonia.

No último ano, mais ou menos, ele esteve sujeito a esses ataques de dor epigástrica, e fui enviado para aliviar isso como em ocasiões anteriores, e a esposa solicitou-me especialmente que desse algo não apenas para esse ataque, mas que fosse usado sempre que os ataques acontecessem. Além da dor, ele tinha vesículas nos lábios secando em crostas. Eu dei Nat. mur. GR 6 trit. vj a cada duas horas em água; No dia seguinte (observado pelo Dr. Jones), seguiu-se uma grande descarga de uratos e um ataque regular de gota. Desde então, permaneceu livre desses ataques de dor, e isso já faz muitos meses.

É impossível dizer se o Natrum muriaticum teve algo a ver com as metástases da gota, do estômago ao dedão do pé; além disso, agora não está médico-cientificamente na moda acreditar em metástases.

OBSERVAÇÃO 6

Uma menina de 15 anos que sofre de Hemicrania dextra e urina turva, espessa, vermelha e sedimentar. Dei-lhe Nat. mur. 6. e recebeu logo depois um relatório escrito "urina completamente livre de sedimentos ou turvação, de uma maneira que não acontecia há muito tempo". O megrim não foi afetado.

A jovem e sua mãe atribuíram a alteração da condição da urina aos pós; a urina estava em estado anormal há muito tempo e minha ordenação consistia apenas em prescrever os pós. Semanas depois a urina continuou limpa.

Este caso não está adaptado para levar convicção à mente, pois sabemos que muitas mudanças de atmosfera e circunstâncias acidentais de todos os tipos, afetam o estado do paciente de uma só vez.

OBSERVAÇÃO 7

Um bebê na mamadeira com cerca de três meses de idade. Acho que ele não dorme bem há algum tempo e agora está muito inquieto e irritado e vomita água. Dei Nat mur. 6 trit. Começou imediatamente a dormir duas ou três horas de cada vez e o vômito aquoso cessou. Dois dias depois, o sarampo começou.

A mãe manifestou uma opinião muito alta a respeito do efeito soporífico calmante dos pós.

OBSERVAÇÃO 8

O Sr. P., 26, tem urina muito espessa há meses e, durante dois meses, muita dor nas costas, pior na flexão e muito pior ao cavar no jardim. Dei Nat., mur. 6 trit. A dor nas costas e a urina turva desapareceram em quatro dias e não apareceram novamente.

Este caso carrega um pouco de peso e se parece com uma cura medicinal.

OBSERVAÇÃO 9

Uma senhora de 55 anos, com Stillicidium lachrymarum e Leucorrhoea excorante amarela crónica ruim, Nat.mur.6 trit.

Em uma semana, a Leucorréia desapareceu bastante, mas o Stillicidium estava pior.

As leucorréias crônicas não tendem a desaparecer espontaneamente em uma semana, embora sua possibilidade não possa ser negada.

OBSERVAÇÃO 10

Senhora solteira, 24 anos, poliúria; constipação com muita flatulência e amenorréia nestes dois meses. Primeiros sintomas piores à beira-mar. Ela é bastante magra, com uma pele mal colorida. Nat. mur. 6 trit.

Em poucos dias, a menstruação apareceu e as funções renal e alvina tornaram-se normais.

Ela havia passado o segundo período menstrual.

Um nexo causal entre a tomada do Natrum muriaticum e o desaparecimento dos sintomas não é facilmente estabelecido aqui.

OBSERVAÇÃO 11

A esposa de um clérigo, com cerca de 50 anos, me consultou em 29 de fevereiro de 1878, reclamando de dispepsia grave com outros sintomas de Natrum muriaticum. Minha visita foi apressada, por isso não entrei totalmente no caso. Nat. mur. 6 trit. v grãos em água duas vezes ao dia foi a prescrição. Ele curou em três dias os seguintes sintomas: "Soluço que ocorre de manhã, meio-dia e noite, por pelo menos dez anos, provocados por Quinine; não era um soluço que fizesse muito barulho, mas 'sacudia o corpo ao chão'; durava cerca de dez minutos e era "muito angustiante". "

Como você sabe que o soluço foi realmente produzido pelo quinino, perguntei? Ela respondeu: "Em três momentos distintos da minha vida, tomei quinino, por um tique do lado direito do meu rosto, e fiquei com soluço a cada vez. Na primeira e na segunda vez, gradualmente desapareceu, mas na terceira, não. Quando o falecido Dr. Hynde receitou, eu disse, não me dê quinino, porque sempre me dá soluço, mas ele me deu. Eu tomei e me deu um soluço que durou até eu tomar seus pós; faz mais de dez anos que tomei o quinino.

A cura do soluço se mostrou permanente.

A paciente é uma mulher muito cristã e muito verdadeira e sua afirmação está fora de questão.

Ela é homeopata há muitos anos e minha paciente por mais de três anos, período em que tive de tratá-la com dor de garganta crônica, vertigem, palpitações e, uma vez, com grande depressão de espírito.

Ela também já havia mencionado seu soluço incidentalmente, mas eu tinha esquecido tudo sobre ele, e nessa ocasião ela nem sequer mencionou, então, no que diz respeito ao soluço, a cura foi pura sorte! Mas isso me fez pensar sobre a doutrina hahnemanniana de dinamização das drogas pela milésima vez e abalou seriamente minha descrença nela.

O soluço é um efeito conhecido de Chininum sulfuricum: Allen's Encyclopaedia, vol-iij., P.226, sintomas 370 e 379.

Observamos a partir deste caso que: -

1. Os efeitos do Quinino, administrado em doses medicinais a uma mulher, podem durar mais de dez anos,

2. Natrum muriaticum na sexta trituração antidota esse efeito do quinino enquanto

3. A mesma substância em sua forma comum, viz. sal comum, não o antídota, mesmo quando tomado diariamente em várias quantidades e formas diversas por dez anos. Na medida em que a substância bruta falha em fazer o que a substância triturada imediatamente afeta, segue-se, portanto:

4. A trituração altera tanto uma substância que assim adquire um poder totalmente novo e, conseqüentemente, que:

5. A doutrina hahnemanniana de dinamização de drogas não é um mito, mas um fato na natureza capaz de prova experimental científica e, na medida em que a substância bruta foi tomada diariamente por muitos anos em quase todas as doses concebíveis, em todos os tipos de soluções da força mais variada resulta

6. e por último. que o método hahnemanniano de preparar medicamentos para fins de reparação

não é meras diluições ou atenuação, mas um processo positivamente evolutivo ou produtor de poder, ou seja, uma verdadeira potencialização ou dinamização.

Esse caso é provavelmente o melhor que podemos esperar, e pode aqui fechar adequadamente o assunto no que diz respeito a sua demonstração simples, mas eu tenho outros no meu livro de casos que o corroboram e apresentam novos recursos.

Antes de sair deste Caso XI, vamos refletir por um momento sobre o número certamente imenso de influências modificadoras e perturbadoras às quais essa senhora esteve sujeita durante esses dez anos, além de viver à beira-mar e incluir o uso diário de sal e ainda assim o soluço persistiu até que se desse sal dinamizado. Antes de chegar a essas conclusões, esgotei toda a minha ingenuidade em tentar explicá-las, e isso foi apoiado por uma pequena quantidade de ceticismo, mas não posso evitá-las, faça o que quiser. Além disso, preciso de mais ceticismo para não acreditar do que para acreditar.

Estou, portanto, em um dilema: ou devo acreditar na doutrina da dinamização das drogas ou descrer na evidência mais incontestável dos fatos, que é a província dos dementes. Ou você, leitor crítico, sendo mais engenhoso e mais cético do que eu, pode me ajudar a sair do dilema? Acredito bem que você pode, pois essa doutrina da dinamização das drogas parece tirar o solo material firme dos pés de algumas pessoas e deixá-las paradas no ar. Mas devo enfaticamente recusar o método tácito do Dr. Kidd como indo além da minha habilidade e inteligência.

A próxima observação que anotei é

OBSERVAÇÃO 12

Um rapaz, 12, morando em Parkgate. Por algum tempo, ele sofre de prisão de ventre, perda de apetite, pele de mal aspecto, como suja, emaciação, dor de cabeça frontal dando voltas nas costas, sonolência ao entardecer e logo pela manhã, urina espessa com cheiro desagradável.

Exceto o cheiro "desagradável", que o garoto não conseguiu definir, encontro todos esses sintomas na patogênese de Natrum muriaticum na Encyclopaedia of Pure Materia Medica, de Allen, e numerados respectivamente 529, 353, 25, 885, 64, 970, 561.

Assim, Nat. mur. 6, aqueles seis grãos em água durante a tarde. Depois de 24 tomadas, ele retornou curado de todos os sintomas, exceto o odor da urina e a emagrecimento, e "se sentindo muito melhor". A prescrição foi repetida e o paciente não retornou. Seu pai me informou posteriormente que a cura estava completa.

OBSERVAÇÃO 13

- Jovem de cerca de 28 anos: emagrecimento, clorose, durante dezoito meses, ligeira queda no hipogástrio, piorando gradualmente, e na última semana aumentando para cãibras muito graves, começando nas costas e chegando ao arco púbico e, ao caminhar, sentiu severamente nos joelhos, teve que sentar-se frequentemente para obter alívio da dor hipogástrica, urina turva por um longo tempo, obstipação crônica obstinada, a boca está seca, mas não há sede, gosto desagradável, amargo.

Quase todos esses sintomas estão na patogênese de Natrum muriaticum. Daí Nat. mur. 6, vinte e quatro pós de seis grãos tomados em quinze dias resultaram no desaparecimento permanente de todos os sintomas, exceto as condições de emaciação e clorose, para as quais ela foi colocada em Phosphorus.

Quanto à emaciação, ela ganhou seis quilos em dez semanas, mas esse ganho de peso foi parcialmente obtido sob Ferrum 6, para hemoptise, tosse crônica e grandes estertores úmidos no pulmão esquerdo, e esses sintomas desapareceram sob Ferrum 6. Foi para o interior por três semanas e voltou com os sintomas acima.

OBSERVAÇÃO 14

- Cavalheiro, 34 anos ou perto disso, sofre de um sentimento geral de frio (atribuído por ele a uma má circulação), por mais de dois anos, sonolência em geral e sonolência após o jantar por dois meses, obrigando-o a ir deitar-se; manchas pretas diante dos olhos; gosto desagradável na boca, azedo; olhos marejados; urina limpa; as entranhas se moviam duas vezes por dia; parece muito pálido. Prescrevi Nat. mur. 6 trit. seis grãos em água duas vezes por dia. Tendo tomado vinte e quatro desses pós, ele parou alguns dias e voltou afirmando que o frio havia desaparecido e também a sonolência pós-prandial, as manchas pretas haviam desaparecido, mas estavam voltando um pouco, o gosto amargo se foi, o estado aquoso dos olhos tão ruim como sempre, a urina ficou turva.

Nesse caso, o medicamento era evidentemente bastante homeopático para a condição do paciente, e é manifesto que o Nat. mur. 6 afetou profundamente seu organismo, pois o frio de mais de dois anos desapareceu, assim como a sonolência após o jantar. É claro que as sensações podem não ser indicativas de lesões orgânicas profundas, mas também não são indicativas de uma condição normal, mas a evidência da ação da droga não depende disso. O sintoma que o trouxe a mim foi a sonolência pós-prandial, pois interferiu materialmente nos negócios à tarde (ele janta cedo). Ele viveu anteriormente em Tranmere e sempre sentiu essa sonolência. Posteriormente, ele veio morar em Birkenhead e durante sua residência aqui não o sentiu, mas ao voltar a Tranmere, a velha sonolência reapareceu e ele pensou que teria que deixar o bairro para se livrar do sintoma problemático. A bilonésima diluição do cloreto de sódio o salvou desse problema.

Foi a fé que o curou de sua sonolência e frio? Se sim, o que tornava sua água turva? Além disso, essa foi a nossa conversa. Foi um tipo de sal que você me deu, doutor? Por quê? "Porque eu mostrei a receita ao meu antigo professor e ele disse que você estava me dando sal." Sim. Era sal no que os homeopatas chamam de sexta trituração centesimal, ou seja, a bilionésima diluição.

"Você acha que isso pode ter alguma coisa a ver com o meu frio e sonolência desaparecendo: isso poderia afetar a circulação e o fígado (teorias dele) assim?" Um sorriso largo estava em seu rosto quando ele fez a última pergunta;

então ele se recompôs e pediu desculpas. Eu opino, ninguém sustentará que uma boca aberta com um sorriso largo é especialmente expressiva de fé que opera uma cura de frio de dois anos de duração.

Quando anteriormente morava em Tranmere e sofria dessa letargia pós-prandial, ele foi tratado alopaticamente e homeopaticamente por ela sem sucesso. O último tratamento incluiu esse maravilhoso mercúrio vegetal, Podophyllum peltatum, dado porque "era fígado". Não sabemos todos que Podo é bom para o fígado? Sendo assim, o fígado de muitas pessoas deve ser sobrenaturalmente bom, pois uma verdadeira podofilomania dura há anos sob o rótulo comercial de "homeopático".

Secções microscópicas do fígado de alguns desses comedores de Podophyllum podem ser instrutivas, pois mostram o resultado patológico da irritação direta do fígado; o fígado de quem bebe gim, sabemos, o fígado de quem come Podophyllum aguarda um histografista. Há uma coisa a dizer a favor dos doadores de Podophyllum: eles são imparciais e dão a todos. Mas isso é digressivo.

Aqui, deixe-me registrar que notei que alguns dos efeitos do Natrum

Muriaticum são piores no frio e melhores no clima quente.

OBSERVAÇÃO 15

- O rapaz de 12 anos foi atendido em 30 de março de 1878, sofrendo de um grupo de sintomas que, coletivamente, são convenientemente chamados oftalmia Phyctenular. O olho esquerdo estava fechado espasmodicamente devido à fotofobia. Um mês antes, ele havia apanhado um resfriado neste olho, que continuava fechado, inflamado e dolorido desde então, e não estava melhorando. Ao reverter as pálpebras, observa-se uma úlcera na córnea, resultante evidentemente de uma phyctenula estourada do tamanho de uma ervilha dividida. A falta de visão decorrente dessa úlcera determinava que os pais procurassem conselhos, pois temiam que o "olho" estivesse sendo afetado. Deixar uma oftalmia por um mês sem procurar aconselhamento é um fenômeno que surpreenderá muitos, mas não aos médicos.

O sintoma proeminente no caso foi a grande lacrimação, e isso é muito característico do Natrum muriaticum. Então, seis grãos de Nat. mur. 6 trituração foi dada em água três vezes ao dia. 6 de abril. Abre bem os olhos e vê claramente; a fotofobia, dor, inflamação e lacrimação desapareceram; a úlcera quase. Continue o medicamento. Exceto algumas estrias leucomáticas muito fracas, a cura estava completa em mais alguns dias. O paciente havia passado muito tempo sob meu tratamento por cárie da porção petrosa do osso temporal esquerdo e ficou muito bem com isso.

O cloreto de sódio tem uma reputação antiga como anti-crofulósico, como todos sabemos.

OBSERVAÇÃO 16

- menino de 9 anos, com gânglio na perna do tamanho de um pequeno ovo de galinha. Está em tratamento há muitos meses, sem bons resultados, exceto uma ligeira melhora da Sticta pulmonaria. Silicea não adiantou. Por recomendação do Dr. Schüssler

(Abgekürzte Therapie, Vierte Auflage, p. 46, Oldenburg, 1878), dei a Nat. mur. 6, seis grãos na água noite e manhã. Três meses depois, recebi por carta o seguinte relatório: "Estou contente por dizer que o inchaço na perna do menino está muito melhor - muito menor, agora do tamanho de uma noz pequena e muito mais em sua original. posição - nem tanto abaixo da articulação do joelho.

Continue o medicamento.

OBSERVAÇÃO 17

- Senhora, 63 anos. Gota regular no dedão do pé esquerdo e no pé. A paciente gosta de cerveja.

Nat. mur. 6 trit. Seis grãos a cada duas horas. Em quatro dias todos os sintomas haviam desaparecido. Aqui eu ordenei que ela deixasse a cerveja, mas não fui obedecido.

A paciente desde então mantém um estoque desses pós à mão e os chama de "pós de gota"; eles já aliviaram imediatamente dois ou três ataques semelhantes, como soube pela filha dela. Desde que tratei o caso, usei Nat. mur. 6 trit. repetido frequentemente, em vários outros casos de gota, com muito bons resultados.

Pergunta: O remédio causa um aumento da eliminação do urato de sódio? Eu acho provável.

OBSERVAÇÃO 18

21 de abril de 1878. John H., idade. 29, marinheiro, com febre e malária duas ou três vezes ao dia, com vômitos aquosos, em Calcutá, em setembro de 1877. Esteve no Hospital de Calcutá por três semanas e tomou eméticos, quinino e tônicos. Partiu no final de três semanas, curado. Mas antes que ele estivesse fora do porto, a malária voltou, ou ele pegou outra, e ele teve uma viagem de cinco meses até o porto de Liverpool. Durante os primeiros três meses dessa viagem de volta para casa, ele teve dois, três,

quatro, cinco ataques por semana e tomou bastante pó do capitão, que, a partir de sua descrição, provavelmente era casca de Cinchona. Então a febre o deixou e a seguinte condição a sucedeu, a saber: "Dor no lado direito sob as costelas; não pode deitar no lado direito; ambas as panturrilhas muito dolorosas ao toque, estão duras e rígidas; perna esquerda semi-flexionada, ele não pode esticá-la. "Nessa condição, ele ficou dois meses no mar e duas semanas em terra; e, nessa condição, ele vem a mim mancando com o auxílio de um bastão e com muita dor pelo movimento.

Urina enlameada e vermelha; intestinos regulares; pele amarelada; conjuntiva amarela.

Bebe cerca de três litros de cerveja diariamente. Eu recomendo que ele não altere seu modo de vida até que esteja curado e depois beba menos cerveja. A parte anterior da recomendação ele seguiu, como soube por seu irmão; da última parte, não tenho informações.

OBSERVAÇÃO 19

- Está diretamente relacionada à 18 , tendo evidentemente a ver com uma febre suprimida com Cinchona. Por isso, prescrevi Nat. mur. 6 trit. Seis grãos em água a cada quatro horas. 27 de abril. -

A dor nas laterais e nas pernas desapareceu completamente em três dias, e a água limpou de uma só vez; mas a dor retornou no quarto dia apenas na panturrilha esquerda, que hoje está vermelha, dolorosa, inchada e com coceira. Ele anda sem bengala.

Continue medicamento.

4 de maio. - Quase bem; sente apenas uma pequena dor na panturrilha esquerda ao caminhar. Parece e se sente muito bem, e entrou na sala com perfeita facilidade, sem qualquer bastão. Ele acha que teve um friozinho algumas noites atrás. Ele continua a transpirar todas as noites; desde que ele pegou a

malária, os lençóis precisam ser trocados todas as noites.

Continue medicamento.

11 de maio. - Muito bem. Sem remédio.

20 de julho. - Continua bem.

Os dois últimos relatórios foram obtidos por mim a partir de suas relações, ele, estando bem, não acha que vale a pena (apesar da promessa de me manter informado) voltar depois da terceira visita em 4 de maio. Considerando que o paciente passou quinze dias aqui na praia antes de vir até mim, não é provável que sua cura rápida depois de tomar o Nat. mur. fosse devida ao clima. Ainda assim, este é o ponto fraco do caso, se houver algum.

O paciente e o médico acham que o remédio provocou a cura; outros podem pensar de maneira diferente. Deve-se notar que as provisões de sal e o ar do mar durante uma viagem não a curaram.

OBSERVAÇÃO 20

- Sra. B. idade. 53. Durante quatro ou cinco semanas, treme de frio muitas vezes por dia e noite, começando nos ombros como arrepios, descendo pelas costas e depois por todo o corpo; frio rasteja nas pernas na cama à noite; cabeça fria e suada; gosto enjoado na boca; grande insônia nessas quatro ou cinco semanas, viz. acorda às 2 da manhã e não consegue mais dormir. Ela está muito chorosa; apenas descrever seus sintomas traz lágrimas aos olhos.

R Nat. mur. 6 trit. Seis grãos em água a cada quatro horas.

Alguns dias depois, quando telefonei para ver como ela estava progredindo, recebi o seguinte relatório: "Os arrepios e tremores de frio cessaram após o primeiro pó." (Ela fala dos pós posteriormente como "aqueles pós que me aqueceram" .) Parece totalmente mais quente agora, não do mesmo modo, e dorme bem. Ela nunca teve malária.

Dois meses depois disso, tive a oportunidade de ver sua filha, quando a paciente (a mãe) disse: "Esses pós me fizeram tanto bem que fiquei melhor do que há anos".

Após a cura, pensei que gostaria de saber se a paciente tinha o hábito de comer sal com a comida; e, ao perguntar, fiquei muito surpreso ao ouvir a seguinte declaração dela:

"Há cerca de um ano, uma amiga me recomendou um pouco de sal, pois ela achava que seria bom para mim e, desde

então, tomo uma colher e meia de chá
por dia, geralmente espalhada no pão. . ”

Pergunta: Este foi um caso de
envenenamento crônico por sal
antidotado por sua própria dinamica?

Esta é realmente uma observação muito
interessante. Aqui temos uma moça que,
além de tomar sal da maneira comum
com a comida e na comida, havia
participado de uma colher e meia de
colher de chá diariamente por doze
meses, e ainda o fazia durante a cura e,
ainda assim, o primeiro pó de sal
triturado provocou uma mudança tão
acentuada. A diferença na aparência da
paciente também foi notável: na minha

primeira visita, ela veio a mim em sua sala de estar com um xale sobre os ombros e parecendo evidentemente fria; na minha segunda visita, poucos dias depois, ela não usava xale e estava livre de qualquer sensação de frio.

Esta senhora sofreu durante anos de Angina pectoris (verdadeira dor no peito) e foi entregue por membros de ambas as escolas à garrafa de conhaque; mas, sob meu tratamento (que se estende por mais de dois anos), ela se recuperou completamente, tendo estado agora muito bem nesses 18 meses.

OBSERVAÇÃO 21

- Sra. W., idade. 60. Foi submetida a tratamento por frieza nas pernas, dos joelhos aos pés, por três meses; ela não pode mantê-los aquecidos de nenhuma maneira; à noite, ela os envolve em flanela e os envolve também de dia, mas ainda assim estão frios; a frieza é subjetiva, mas não objetiva; ela também sofre muito de insônia e grande irritabilidade nervosa.

R Nat. mur. 6 trit.

Na visita seguinte, algumas semanas depois, ela relatou que havia sido prontamente curada de sua antiga insônia e também do frio das pernas, mas as pernas não estavam como ela gostaria, pois o frio deu lugar a uma sensação de queimação, especialmente nas veias do membro, que agora incham. Já não envolve, mas pelo contrário, estão quase quentes demais.

Para continuar o medicamento.

A cura foi permanente. O remédio melhorou tanto seu estado nervoso que ela ainda fala dele como os "pós que acalmaram seus nervos".

Observação 22

- .Constipação, de longa data, em uma jovem pálida e anêmica de 23 anos; apenas uma moção em dois três dias.

R Nat. mur. 6 trit. Vinte e quatro pós de seis grãos, em água durante a tarde e à noite.

Este único conjunto de pós curou bastante; agora há fezes diárias. Também a menstruação chegou com uma semana de atraso (muito incomum), e a dor habitual estava ausente; os fluxos também não eram tão excessivos como sempre.

OBSERVAÇÃO 23

- Cavalheiro, 60 anos, com edema de praeputium por algumas semanas; intertrigo severo entre as coxas e o escroto, com bastante secreção ácida e considerável escoriação; essa condição existe há muitos meses, apesar das abluções diárias, muitas vezes repetidas várias vezes. O paciente é artrítico, muito melancólico e desanimado.

Sua pele é muito escura e com aparência doentia.

R Nat. mur. 6 trit. Seis grãos quatro vezes ao dia.

Em uma semana, o edema e o intertrigo estavam quase bem, e ele estava muito melhor e, no final da segunda semana, estava bem. Ele continua bem, e a pele do rosto está de cor mais clara, mas a cor do tronco permanece como antes. A mudança de humor dele foi bastante notável.

OBSERVAÇÃO 24

- Cavalheiro de 35 anos. Dor no lado esquerdo da mandíbula inferior que se estende até o dente final da mandíbula superior esquerda, até o olho esquerdo, sempre depois das refeições, latejante e dolorosa, fazendo as lágrimas caírem em seus olhos; a dor que ele descreve como terrível, dura cerca de uma hora. Ele está nessa condição há três meses, o que coincide com sua saída de Liverpool e sua residência em Tranmere.

Urina altamente colorida e espessa. A dor evidentemente procede de um dente cariado. Ele dorme bem, depois que a dor após o jantar se foi.

Nat. mur. 6 trit. Seis grãos em água três vezes ao dia.

Em uma semana, ele relatou: a dor está muito melhor, ocorre e dura apenas cinco ou seis minutos, e nenhuma lágrima entra em seus olhos.

Continuar o medicamento.

O próximo relatório era que, assim como ele pensava que estava curado, ele pegou um resfriado leve e a dor surgiu em toda a sua violência original, quando um dentista o aliviou dos dentes e da dor. Continua sob tratamento para hemorróidas. O fato de a dor ter retornado em toda a sua violência original é apenas o que devemos esperar nessas circunstâncias, e milita contra o caso como sendo de cura permanente, mas não invalida a evidência da ação potente das drogas.

OBSERVAÇÃO 25

- Um cavalheiro gotoso de 70. Até três anos atrás, ele tinha o hábito de transpirar livremente, mas ultimamente ele transpira menos e, por três anos, sempre sentiu frio e resfriado. Urina com sangue e espessura; ele urina com grande dificuldade e usa o cateter à noite nesses dois anos. Ele toma Nat. mur. 6 trit. por três semanas e relata que, após o primeiro dia ou dois, ele parou de usar o cateter por completo, tendo poder suficiente sobre a bexiga; a urina está livre de sangue e lodo, mas ainda espessa, mas não tão vermelha ou empoeirada; ele está mais constipado do que o normal e se sente consideravelmente mais quente. Ele implora para continuar com o remédio, com o qual eu concordo.

Ele não me consultou novamente, mas quando ele pagou sua pequena conta, ele me informou que gradualmente se recuperara de seu frio, que sua urina havia se normalizado e que não precisava mais passar pelo cateter. A urina pode ter sido corrigida naturalmente e passar o cateter nesses dois anos pode ter sido um mero hábito e desnecessário; mas como explicar o desaparecimento da sensação de frio que durou três anos?

OBSERVAÇÃO 26

- Cavalheiro de 50 anos, geralmente desfrutando de boa saúde e de esplêndido físico. Sintomas: Nas últimas seis semanas, frieza do abdômen, do umbigo para baixo, incluindo os órgãos genitais. Inchaço do abdome após o jantar tardio, com flatulência; passa uma quantidade muito grande de água com um odor forte; não contém açúcar; ele está frio sobre as pernas e inquieto à noite, com arrepios frios do umbigo, descendo pelas pernas; quando ele se senta no sofá diante de mim, percebo que ele segura as duas mãos firmemente sobre o pubes; e à pergunta por que ele o faz, ele responde que está com tanto frio por aquelas partes que mantém as mãos ali para aquecê-las. A sensação é como se sua camisa estivesse molhada e fria; quando ele urina, parece que ele nunca vai terminar. Sede da boca, cheia de medo, não do estômago; intestinos regulares; língua revestida, hálito sujo. Muito desanimado dele mesmo.

Toma banhos de vapor regularmente. Aqui, o frio, a micção abundante e a sede parecem sintomas proeminentes e, como todos sabemos, são os de Natrum muriaticum.

R Nat. mur. 6 trit. gr. v. Fiat pulv. Na água quatro vezes ao dia. Oito dias depois a frieza está muito melhor; não passa tanta água e seu cheiro é menos ruim; o frio das pernas está muito melhor, como também o das partes pubianas; a sede também é muito melhor, também a língua; respiração doce; sente-se melhor por todo o lado; mais quente. Está ansioso para continuar o medicamento, o que é feito.

Ele não voltou, por isso escrevi para ele para saber como estava indo e recebi uma resposta de que o segundo lote de pós havia terminado a cura, exceto uma pequena sede, pela qual ele pretendia vir me ver novamente, mas ele nunca o fez. Por um conhecimento mútuo, sei que ele continua bem. Nesse caso, a melhoria começou imediatamente após a tomada dos pós e, até onde posso ver, a cura pode ser atribuída apenas a eles.

Este, leitor crítico, é o caminho que tenho percorrido na minha busca pela verdade como ela é na natureza; disso, sou forçado contra minha vontade a admitir a existência de algo nas drogas que se torna operativo pela trituração.

O que é isso, eu não sei; como você chama, eu não ligo.

Mach's nach, aber mach's besser. (Faça, mas faça melhor!)

* Desde que escrevi isso, fui honrado com uma cópia de um discurso proferido perante a Assembléia Anual da British Homeopathic Society, em 20 de junho de 1878, por R. Douglas Hale, MD, etc., vice-presidente da Sociedade, e em página 6, inter alia,… "Negamos enfaticamente que deixamos de empregar a dose infinitesimal."

www.ingramcontent.com/pod-product-compliance
Lightning Source LLC
Chambersburg PA
CBHW031255250726
48655CB00005B/2236